영어는
입으로
❶

영어는 입으로

영어회화
매일 10문장
스피킹

1

오석태 지음

좋은습관연구소

함께
공부해요

◆ 이 책은 "입으로 소리내어" 읽는 책입니다.

◆ 절대로 손으로 뭔가를 적거나 하는 행동은 하지 마세요.

◆ 오직 입으로 소리 내는 공부만 허용됩니다.

◆ 각 단계마다 입으로 낸 소리를 녹음하고 온라인에서 인증하세요.

◆ 매일 인증하는 습관을 만들어야 꾸준히 오래 할 수 있습니다.

◆ 인증은 네이버 카페, 카카오톡 오픈채팅방에서 진행합니다.

◆ 이미 많은 분이 인증하고 있습니다. 부끄러워하지 마세요.

◆ 함께 하는 힘을 믿고 여러분도 온라인 인증에 참여하세요.

◆ "입으로 소리내어" 꾸준히 하는 것. 영어를 잘하는 지름길입니다.

카카오톡
공부방

네이버 카페
공부방

학습 단계

STEP 1

QR코드를 스캔해서 해설 강의와 원어민 발음을 듣습니다.

STEP 2

한글로 표기된 발음을 따라 읽습니다.
이때 영문을 보게 되면 발음 간섭이 일어나므로,
반드시 한글 표기만 보고 읽습니다.

STEP 3

대화문을 읽어 봅니다. 짧은 대화문이지만
해당 상황을 연상하며 감정을 넣어 읽습니다.

STEP 4

한국어 해석을 보고 영문을 유추해서 말해봅니다.

어순이 달라 영어 회화 하기가 힘들다?

어순이 달라서 문장을 만들기가 힘들어요.

어순, 다르죠. 하지만 어순이 달라서 문장을 만들기가 힘들다는 말 자체에는 엄청난 모순이 숨어 있습니다. 영어문장은 이해하는 것이지 우리가 만드는 게 아닙니다. 영어문장을 어떻게 우리가 만듭니까?

아니 무슨 말씀이세요. 영어로 글을 써야 하잖아요. 자기소개서도 쓰고 일기도 쓰고 때론 에세이도 쓰고 말이죠.

예, 맞는 말씀입니다. 하지만 그건 영어문장을 우리가 만들어 쓰는 게 아니라 창의적인 스토리를 우리가 만드는 겁니다. 그 스토리 안에 들어가는 영어문장들은 우리가 만드는 게 아니라 원어민들이 늘 사용하는 말이어야 된다는 겁니다.

다시 말씀드리면 원어민이 이해할 수 있는 문장들이어야 된다는 것이죠. 원어민이 이해할 수 있는 문장이 되려면 늘 그들이 사용하는 문장이어야 됩니다.

우리가 창의적으로 만들어서 원어민들이 무슨 소린지 이해할 수 없는 문장이라면 그게 어떻게 영어문장이 될 수 있겠습니까?

또다시 말씀드리면 우리는 영어에서는 원어민이 아니기 때문에 영어문장을 만들 수 있는 사람들이 아니라 원어민들이 말하는 그대로 따라 하고 익혀서 사용하는 사람들입니다.

결국 우리는 영어문장을 이해하기 위해서 최선을 다해야 합니다. 영어문장을 만들려는 시도는 전혀 필요하지 않습니다. 따라서 영어의 어순과 한국어의 어순이 다르다 해서 영어가 어렵다는 건 우리가 영어를 잘 못 하는 정당한 이유가 될 수 없습니다.

외국인들이 한국을 방문합니다. 그들이 제일 먼저 알고 싶어 하는 한국어가 있습니다. "Hello!" "Thank you." "Beautiful" "I'm sorry." "I love you." 같은 반드시 쓰고 싶은 말들입니다. 그러면 우리는 주저하지 않고 말하죠. "안녕하세요!" "고맙습니다." "아름다워요." "미안합니다." "사랑해요." 이렇게 말입니다. 이런 상황에서 미국인에게 한국어의 어순을 설명해야 합니까?

그냥 말을 알려주는 겁니다. 너희들이 그렇게 말할 때 우리는 이렇게 말한다. 영어로 쓰는 이 문장을 한국어로는 이렇게 표현한다. 이게 다입니다. 그래야 합니다. 그렇게 영어를 배워 나가야 합니다. 그러게 하면 어순은 아무런 의미가 없습니다. 그렇게 내 머리에 장착된 표현의 숫자를 늘려야 합니다.

어느 세월에요? 그래서 그 세월의 수를 줄이기 위해서 영어문장을 처음부터 직접 만드는 방법을 공부하시게요?

아니요. 원어민들도 자기 말을 임의대로 만들지 않습니다. 대대로 이어져 내려오는 말을 하는 것뿐이지 개인적으로 말을 마구 만들어서 사용할 수 없습니다. 원래 있었던 말을 하는 겁니다.

제가 쓰고 있는 이 한글 문장들을 제가 창조한 겁니까? 아니잖아요. 원래 누구나 사용하는 말 그대로잖아요. 그래서 여러분이 저의 글을 읽고 이해하시는 거죠.

저는 누구나 사용하는 문장들로, 하지만 이 책에서 처음 사용하는 스토리로 한글을 적고 있는 것뿐입니다. 이 이야기는 창의적이지만 한글 문장 자체는 한국이라면 누구나 사용하는 문장이라는 겁니다.

우리 한글을 우리 대한민국 사람도 멋대로 만들어내지 못하는데 한글을 배우는 외국인이 단지 문법과 단어를 외웠다고 한글 문장을 제멋대로 만들 수 있겠습니까? 웃기는 얘기죠. 그렇죠? 그런데 왜 영어문장은 우리가 마음대로 만들 수 있다고 생각하시는지요? 그거 절대 아닙니다.

한국어와 영어의 어순은 그냥 다를 뿐이지 우리가 영어를 익히는 데 방해요소가 되지 않습니다.

전혀.

좋은 영어 문장이란 어떤 것인가요?

그럼, 좋은 영어 문장이란 어떤 것인가요?

한국인이 억지로 만든 문장이 아니라 원어민이 늘 사용하는 문장들입니다. 하지만 우리 주변에는 한국인이 임의로 문장을 만드는 경우가 많습니다. 왜냐면 그렇게 해야 강의하기가 편하거든요. 즉, 자기가 임의로 정한 항목들에 맞추어서 자기가 임의로 만든 영어 문장들로 강의하면 자기 뜻대로 멋있게 강의할 수 있다고 생각하기 때문입니다. 그리고 많은 학생이 거기에 속아 넘어가지요. 배우는 학생들이 영어에서는 분별력이 없다는 사실을 강사가 혹은 저자가 악용하는 겁니다.

기가 막힙니다. 이런 분들은 절대 원어민들이 실제로 말하는 문장을 찾아내지 못합니다. 설사 찾아냈다 해도 그 문장을 적절히 강의할 능력이 되지 않습니다. 그래서 자기 스스로 원어민이 사용하지도 않는 엉터리 문장을 만들어내는 겁니다.

제가 영어 강의를 하는 사람이기 때문에 명백하게 말씀드릴 수 있습니다. 좋은 문장은 원어민이 실제로 일상생활에서 늘 사용하는 문장을 말합니다. 그리고 문장마다 레벨이 있습니다. 초급자가 쓰기에 적절한 문장과 중급자가 쓰기에 적절한 문장이 따로 있습니다. 학습자는 자기 레벨에 맞는 문장들을 소리 내어 발음하고, 몇 번씩 반복해서 머릿속에 저장해야 합니다. 그래서 그 문장을 활용할 수 있는 상황이 되면 반사적으로 입에서 튀어나오게 해야 합니다. 그게 영어를 잘 할 수 있는 방법입니다.

그렇다면 내 수준에 맞는 좋은 문장은 어떻게 뽑아야 하는 걸까요? "원어민이 말했다." "미드에서 쓰더라"라고 해서 모두 나에게 필요한 좋은 문장은 아닙니다. 그래서 초보 학습자들은 절대 뽑을 수 없습니다. 이는 중급 수준의 학습자들에게도 마찬가지입니다.

예를 들어볼까요? 인기 미드 중에 <You>가 있습니다. 드라마 초반에 주인공 남자가 동네 꼬마와 대화하는 장면이 나옵니다. 꼬마가 계단에서 열심히 책을 읽고 있습니다. 그 상태에서 나오는 두 사람의 대화입니다.

A : Wow, you are burning through that book, aren't you?

B : Reads quick. It's good.

A : Well, let me know when you finish. I'll get you another one.

자 여기서 우리가 자주 사용할 수 있는 문장은 어떤 게 있을까요? 그리고 초급자 입장에서 반드시 익혀야 할 문장은 무엇일까요? 이걸 과연 학습 초보자가 선별할 수 있을까요? 그걸 중급자라고 선별 가능할까요? 아마도 문법적으로 간단한 문장이거나 어려운 단어가 없는 문장을 뽑으려 할 것 같습니다.

우선 해석부터 해보죠.

A : 와, 너 책을 진짜 열나게 읽는구나, 그렇지?

B : 책이 빨리 읽혀요. 이 책 재미있어요.

A : 다 읽으면 아저씨한테 얘기해. 다른 책 또 가져다줄게.

그렇다면 이 상태에서 어떤 문장을 우린 기억해야 할까요?

초급자 관점에서 살펴보겠습니다. 첫 줄의 "burning through that book" "열나게 읽는구나!" 보겠습니다. 완전 구어체 속어 표현입니다. 즉, 초급자에게는 매우 어려운 표현입니다. 일상적으로 사용 불가인 표현이지요. 그렇다면 초급의 입장에서는 좋은 문장이 아닙니다. 하지만 중급 이상에서는 반드시 알아야 할 좋은 문장으로 분류할 수 있습니다.

"이 책 참 빨리 읽힌다." "It reads quick." 정말 간단하죠. 속어나 숙어 표현도 아닌 매우 평범한 말이고요. 초급자를 위한 좋은 문장입니다. 하지만 초급자가 해석을 정확히 해내기에는 어렵습니다. 그래서 전문가가 이를 뽑고 뜻과 뉘앙스를 정확히 해설해주어야 합니다.

즉, 초급자에게는 초급자용 좋은 문장, 중급자에게는 중급자용 좋은 문장이 따로 있습니다. 하지만 학습자가 미드나 영어를 많이 본다고 해서 그것을 구분해내기는 어렵습니다. 결국 가르치는 선생님이, 책을 쓰는 저자가 뽑아야 하고 정확한 해설을 해야 합니다. 그래서 선생님과 저자의 능력이 대단히 중요합니다. 그렇기 때문에 대강 뽑을 수 없습니다. 정말 연구를 많이 하고 정말 정성스럽게 뽑아야 합니다. 가르치는 선생님은 많은 책을 읽어야 합니다. 많은 드라마를 봐야 합니다. 많은 영화를 봐야 합니다.

그리고 그 안에서 좋은 문장들을 뽑고 또 뽑아서 정리해야 합니다. 그리고 정리된 문장 중에서 거르고 또 걸러서 학습자의 수준에 맞는 문장들을 최종 선별하여 강의하거나 책을 만들어내야 합니다. 대단히 종합적인 능력을 필요로 하는 부분이지요.

이 책은 불과 200개의 문장만 포함되어 있습니다.

이 200개의 문장을 선별하기 위해서 많은 소설과 미드, 그리고 영화가 동원되었습니다. 이곳에서 자주 나오는 표현들, 그리고 우리가 쉽게 적응할 수 있고 우리의 환경에서도 쉽게 사용할 수 있는 표현들만을 고르고 또 골라 뽑았습니다. 좋은 문장들을 뽑기 위한 노력입니다.

원어민들이 실제로 사용하는 수많은 문장은 우리에게 모두 다 생소합니다. 그동안 우리가 이런 문장들을 제대로 배우지 못했던 이유는 저자들이 임의로 만든 문장들이 마치 옳은 영어인 양 거짓으로 덮었기 때문입니다. 아니면 좋은 책들이 많이 있었음에도 불구하고 여러분이 철저히 외면했기 때문일 수도 있습니다. 아무리 좋은 문장들과 좋은 설명들, 좋은 훈련 방법이 적혀 있는 책이라도 여러분이 외면하면 아무 의미가 없는 쓰레기가 되고 맙니다.

　이 책은 그런 푸대접을 받지 않기를 간절히 바랄 뿐입니다.

좋은 영어 문장 무조건 외우면 되나요?

그럼 좋은 영어 문장 그냥 외우면 되나요?

아니요. 영어 문장 외우지 마세요. 한글 문장 외워본 적 있나요? 없죠? 우리는 외우지도 않는데, 한글을 배우는 외국인들에게는 한글 문장을 외우라고 해야 하는 건가요? 그리고 한 번 외우면 영원히 기억나나요? 절대 아니죠? 외우면 오래지 않아서 까먹습니다. 놀랍게 빠른 속도로 까먹습니다. 그리고 자신이 외웠다고 생각하는 문장은 다시 거들떠보지 않습니다. 그래서 절대 머릿속에 남아있지 않습니다. 결국 영어 문장은 단순히 외워서 내 것이 되지 않는다는 겁니다. 그러면 어떻게 하라는 거냐고요?

읽어야 합니다.
정확한 발음으로 계속 읽어야 합니다.
소리 내어 읽어야 합니다.

속으로 읽으면 아무런 의미가 없습니다. 회화는 입으로, 소리로 해야 합니다. 소리 없이 마음으로만 의사전달이 된다면 정말 얼마나 좋겠습니까?

좋은 회화 문장들을 소리 내어 계속 읽어서 그 소리로 자연스럽게 기억되도록 해야 합니다. 한두 번 읽어서는 절대 기억되지 않습니다. 의도적으로 한두 번 읽어서 암기되었다고 멈추면 안 됩니다. 순간적인 암기는 오래 머물지 않습니다. 정말 많이 읽어야 합니다. 인이 박이도록 읽어야 합니다. 그래야 머리에서 쉽게 빠져나가지 않습니다. 그래야 진정 내 것이 됩니다.

그런데, 처음 한 번 책을 사면 끝까지 읽는 게 쉽지 않습니다. 매일 꾸준히 하는 게 쉽지가 않습니다. 하지만 너무도 당연하게도 매일 하는 게 습관이 안 되면 영어는 절대 늘지 않습니다. 그래서 영어는 공부가 아니라 "입으로 하는 습관"이라고 말합니다.

우리 책에서는 영어 읽기를 함께 할 수 있는 채팅방, 카페 등을 운영하며 책을 가지고 있는 분들이 함께 연습할 수 있는 서비스를 제공합니다. 정말 좋은 제도입니다. 이런 제도를 잘 써먹지 않는 건 책 사 놓고 영어 안 할래 하는 것과 똑같습니다.

하루 치 10문장을 읽는데 1분이면 됩니다. 매일 1분 영어 읽기가 습관이 되면, 그다음 달에는 2분 읽기를 합니다. 이렇게 조금씩 점점 시간을 늘려갑니다. 그래야 중도 포기 없이 계속 반복적으로 연습하게 됩니다. 한 달에 한 권을 완독하고, 또 한 달을 완독하고, 이렇게 1년, 2년을 계속 읽어보세요. 그래야 영어는 늘어납니다.

영어 읽기가 익숙해지면 최소 하루에 1시간은 읽어야 합니다.

목이 아플 때까지, 현기증이 날 정도로, 그렇게 읽어야 합니다. 하지만 정말 쉽지 않은 일이죠. 그래서 저는 오프라인 강의할 때 늘 말씀드립니다. 그렇게 연습할 자신 없으면 영어는 처음부터 시작하지 않는 게 옳다고 말이죠.

노력하지 않으면 어차피 영어는 잘할 수 없습니다. 다시 말하면 적절한 노력을 하면 영어는 됩니다. 누구나 잘할 수 있습니다. 노력하지 않기 때문에 잘하지 못하는 겁니다.

영어 잘하는 거? 대단한 일 아닙니다. 누구나 할 수 있습니다.

그럼 발음은 어떻게 연습하죠?

열심히 읽어야 한다는 것 알겠습니다.
그럼 발음은 어떻게 연습하죠?

혼자 할 수 없습니다. 누군가의 도움을 받아야 합니다. 훌륭한 선생님의 도움을 받아야 합니다. 훌륭한 책의 도움을 받아야 합니다. 하나하나 차근차근 연습해야 합니다. 단어 하나하나의 발음에서부터 단어와 단어 사이의 발음, 그리고 문장과 문장 사이의 유연한 발음 연결, 그리고 문장의 정확한 억양까지 두루두루 제대로 연습해야 합니다.

발음은 절대 발음 기호대로 소리 나지 않습니다. 온라인 사전 속 음성은 절대 그 단어 발음의 기준이 되지 못합니다. 심지어 발음기호에 표기된 강세가 원어민의 발음에서는 완전히 무시되는 경우도 얼마든지 발견할 수 있습니다.

그런데, 이렇게 말하는 사람들도 있습니다. 원어민과 똑같이 발음할 필요 없다. 그건 불가능하다. 전 세계에서 영어를 사용하는 모든 국가의 사람들이 미국 사람이나 영국 사람과 똑같은 발음을 구사하는 건 아니다. 그래도 의사소통이 되지 않느냐. 이런 식으로 말이죠.

정말 그럴까요? 잘 생각해보세요. 그건 영어를 모국어로 유창하게 하는 사람들의 경우입니다. 우리에게는 전혀 해당하지 않습니다. 그리고 그런 사람들은 영어 발음을 엉터리로 구사하는 게 아닙니다. 아주 정확하게 구사합니다.

반기문 전 UN 사무총장의 발음이 화제가 되었던 적이 있습니다. EBS에서 실험했습니다. 반 총장의 UN 연설 영상을 블라인드로 처리하고 실험 참여자들에게 소리만 들려줬습니다. 영어에 능통치 않은 한국인들은 영어를 잘하는 사람이 아니라고 판정했습니다. 발음의 매끈함만 본 거죠. 하지만 실험에 참여한 원어민들은 달랐습니다. 아주 세련된 영어를 구사하는 사람이라고 엄지를 치켜세웠습니다. 무엇 때문에 이런 착각이 벌어진 걸까요?

반 총장의 연설에는 한국인 특유의 말투(tone)가 가미되어 있습니다. 그래서 미국식 발음과 영국식 발음에만 노출된 우리에게는 매우 이상하게 들렸지만, 실제 영어를 쓰는 사람들에게 전혀 문제없이 들렸던 것입니다. 톤이 낯설 뿐이지 영어 발음 자체는 완벽했기 때문입니다.

그래서 발음은 정확히 배워야 합니다. 정확한 해설과 함께 배워야 합니다. 단어와 단어 사이의 연음을 배워야 합니다. 또한 한 문장이 갖는 전체 억양을 제대로 된 연습을 통해서 익혀야 합니다.

그 연습이 충분히 되면 그다음에는 속도가 문제가 됩니다. 한 문장을 정확히 발음하는 속도를 높여야 합니다. 원어민이 발음하는 속도대로 내가 발음하지 못하면 들리지 않습니다. 따라서 최대한 속도를 높이는 연습을 해야 합니다. 그래야 원어민이 말하는 문장이 정확한 소리로 내 귀에 들리게 됩니다.

그리고 연습하는 문장들은 정말 좋은 문장이어야 합니다. 실제로 활용 가능한 좋은 문장이어야 합니다. 발음 연습용으로 억지로 만들어진 문장으로 연습하면 아무 소용이 없습니다.

이 책에서는 영어 발음을 한글식 표기로 해두었습니다. 그 이유는 이미 알고 있는 단어라고 해서 자기 멋대로 발음하는 경우들이 왕왕 있기 때문입니다. 절대 그렇게 해서는 안 됩니다.

같은 단어지만 문장 안에서는 각각 다르게 발음되는 경우가 너무 많습니다. 그 차이를 알아야 정확한 발음이 되고, 상대방도 정확히 알아듣습니다.

원어민 녹음을 잘 들으면 되지 않냐고요? 스크립트를 보면서 원어민 발음을 들어 보시고, 스크립트를 안 보고 원어민 발음을 들어보세요? 똑같은 문장이라도 천지 차이로 들립니다.

그게 바로 듣기의 착시, 착각 같은 것입니다. 듣고 싶은 대로 들린다는 말 아시죠? 스크립트가 있기 때문에 "아임 고잉 투" 그대로 읽은 것처럼 들리는 겁니다. "아임 고나 두"라고 읽었는데도 말이죠.

한글 발음표기는 바로 이 같은 듣기의 착각을 없애주는 장치입니다. 반드시 한글로 표기된 대로 읽으세요. 마음대로 읽지 마시고요.

제 말을 못 알아듣습니다.
억양이 왜 중요한가요?

배운 대로 발음한 것 같은데, 제 말을 못 알아듣습니다.
억양이 왜 중요한가요?

미드나 외국 영화를 보다 보면 한국인의 모습을 한 배우가 한국어를 구사하는 장면을 가끔 봅니다. 말씀드린 그대로 온전히 우리말을 구사하는 한국인이 아니라 외국인 중에 한국인처럼 보이는 배우가 대사에 적힌 대로 우리말을 읊는 경우입니다.

그런데 참 신기하죠? 분명히 한국어를 하고 있는데 도대체 무슨 소리를 하는 건지 알아들을 수가 없습니다. 그들이 우리말을 흉내 내는 건 맞습니다. 그런데 들리지 않습니다. 도대체 왜 들리지 않는 걸까요?

억양 때문입니다.

우리가 말하는 억양과 완전히 다른 억양으로 말하기 때문에 들리지 않는 겁니다. 강세가 정확하지 않아서라고 말할 수도 있습니다. 어차피 강약이 정확하지 않으면 제대로 된 억양이 만들어질 수 없으니까요.

영어는 우리말보다 강약의 폭이 훨씬 큽니다. 억양이, 문장이

전하는 음의 굴곡이 우리보다 훨씬 역동적입니다. 그렇다면 영어를 발음할 때 강세를 제대로 주지 않으면 억양이 제대로 만들어질 수 없음으로 원어민들이 우리말을 이해할 수 있는 가능성은 현저히 떨어지겠지요.

저의 강의를 듣던 학생 이야기입니다. 성인입니다. 저를 만나기 전까지 영어 공부를 나름 꽤 열심히 했던 학생입니다. 강세의 중요성, 발음의 중요성을 한참 설명하던 중에 그 학생의 하소연이 시작되었습니다.

"그동안 혼자서도 회화 공부를 하고 친구들과 함께 원어민 선생님들을 모셔서 그룹 지도도 많이 받았어요. 나름 영어 공부한답시고 정말 열심히 했죠. 그런데 원어민 선생님들의 지도를 받을 때마다 너무 어처구니없는 결과가 나왔어요.

제가 무슨 말을 하면 도대체 원어민 선생님들은 제 말을 하나도 알아듣지 못하는 거예요. 저는 분명히 영어로 말하고 있는데 왜 선생님들은 조금도 이해하지 못할까 정말 오랫동안 고민했어요."

설령 올바른 문장을 말했다 해도 그 문장에 따르는 올바른 발음과 억양이 붙지 않으면 정말 이해하기 힘든 말이 되어버립니다. 그러니 회화에서 억양이 얼마나 중요한 겁니까. 회화에서 문장의 강약이 얼마나 중요한 겁니까.

억양과 발음과 연계해서 함께 연습해야 합니다. 이 책에서는 영어 발음을 한글로 표기하면서 억양과 강세 표시도 해두었습니다. 반드시 그대로 따라 읽으셔야 합니다.

한국에서 영어를 잘하는 핵심은 '꾸준히'입니다.

그동안 했던 얘기 쭉 정리해보겠습니다.

한국에서 영어를 잘하는 것의 핵심은 '꾸준히'입니다. 한두 번 듣는다고 영어가 들리지는 않습니다. 한두 번 따라 읽었다고 절대 내 문장이 되었다고 말 할 수 없습니다.

몸을 만들기 위해서 체육관에 갑니다. 한두 번, 그것도 간헐적으로 체육관을 찾으면 절대 몸이 만들어질 리 없습니다. 건강에 문제가 생겨서 약을 먹습니다. 아무리 간단한 감기라도 가끔 한두 번 시간 날 때마다, 생각날 때마다 약을 먹는 건 전혀 의미가 없습니다.

꾸준히, 계속, 집중적으로 복용해야 합니다. 만일 약을 장기간 복용해야 하는 질병이라면 더더욱 그렇습니다. 몇 개월, 몇 년을 정성스럽게 하루도 빠지지 않고 복용해야 합니다. 그래야 병이 나을 수 있는 가능성이 커집니다.

영어요? 맞습니다. 영어는 장기간 복용해야 하는 지적인 질병입니다. 영어를 못 한다 해서 내 생명이 단축되진 않습니다. 육체적인 질병이 아니라는 겁니다. 하지만 지적인 욕망이 잠재해 있는 사람이라면 영어를 못 한다는 게 여러모로 질병처럼 다가올 수 있습니다. 그래서 지적인 질병이라고 명명합니다.

지적이면서도 고질적인 질병인 영어를 해결하기 위해서는 무조건 꾸준히 해야 합니다. 그리고 올바른 약을 처방받아야 됩니다. 올바른 약을 하루도 빠짐없이 먹으면서 정성을 다하면 이 질병은 어느 순간부터 빠른 속도로 치유됩니다. 그러면서 주변 사람들을 놀라움과 충격으로 몰아넣게 됩니다. 사실입니다. 그냥 하는 말이 아닙니다.

세상이 참 빨리 바뀝니다. 예전에 비하면 영어를 연습하는데 필요한 도구들과 소재들이 널렸습니다. 오히려 지나칠 정도로 다양하고 많아서 학습자가 어찌 이걸 다 감당할 수 있겠나 싶을 정도입니다. 그런데, 이런 것들을 활용해 열심히 연습하면 영어가 잘 될까요?

당연한 것 같지만 대답하기 참 어려운 질문입니다. 저는 이렇게 말씀드리겠습니다. 어떻게 연습하느냐에 달려 있다, 방법이 중요하다고 말입니다.

그동안 제가 했던 얘기 요약해보겠습니다.

1. 영어를 잘 듣고 이해하기 위해서는 내 입으로 발음할 수 있는 능력을 길러야 한다. 발음은 원어민과 똑같은 발음을 말한다. 억양과 강세도 정확히 구사할 줄 알아야 한다.

2. 좋은 문장으로 연습해야 한다. 수업용으로 만든 쓰지도

않는 문장이 아니라 실제 원어민들이 자주 쓰는 좋은 문장으로 연습해야 한다. 물론 내 수준에 맞춰서 해야한다.

3. 발음과 좋은 문장은 저자의 정확한 해설을 들으며 연습해야 한다. 발음의 유의점, 해당 문장이 어디서 어떤 상황에서 유용하고 자주 쓰이는지. 어떤 용례를 가졌는지 해설이 있어야 한다.

4. 매일 연습해야 한다. 매일 연습이 되려면 연습하는 습관을 만들어야 한다. 처음에는 아주 가볍게 시작하되 점점 그 강도를 높여서 아주 오랫동안 해야 한다.

5. 혼자서 연습하는 게 어렵고 힘들기 때문에 여러 사람과 무리 지어 연습한다. 이 책에 안내된 카페나/채팅방을 통해서 매일 연습한다. 그래야 연습의 과정이 지루해지지 않고 중도 포기를 하지 않는다.

지금은 유튜브 시대입니다. 유튜브의 특징은 누구든지 동영상을 올릴 수 있다는 겁니다. 아무나 영어를 가르치는 엄청난 시대가 되어버렸습니다. 근본 없는 선생들이 수두룩합니다. 검증되지 않은 선생들이 천지에 깔렸습니다. 다들 영어 선생이랍니다. 정말입니까? 정말 아무나 영어를 가르칠 수 있는 겁니까? 여러분은 그렇게 믿고 계십니까?

TED로 영어를 공부할 수 있다고 합니다. 심지어 영어 발음을 공부할 수 있다고 합니다. 아니요. 그건 너무 무책임한 말입니다. 그건 영어를 아주 잘하는 사람들에게 해당합니다.

미드로 영어를 공부한다고 합니다. 미드로 영어 발음을 공부한다고 합니다. 아닙니다. 절대 그럴 수 없습니다. 그러기에는 미드의 내용과 영어 표현이 전체적으로 너무 어렵습니다. 초보자들이, 중급자들이 미드로 영어를 공부한다는 것은 단순한 유행, 또는 욕심에 불과합니다.

발췌된 좋은 문장들, 다양한 문장들, 그리고 많은 문장이 여러분의 발음 연습 소재가 되어야 합니다. 모든 단어, 모든 문장은 반드시 크게 소리 내어 발음해야 합니다.

눈으로 발음하면 안 됩니다. 그렇게 되면 영어를 절대 잘할 수 없습니다. 회화 문장의 정확한 발음은 영어 중독과 연결됩니다.

영어 중독이 시작되면 독해는 자연스럽게 다가오는 다음 단계의 학습입니다. 회화에서 자연스럽게 자리 잡은 문장들이 영문 독해에서 결정적인 역할을 하게 됩니다.

믿고 해보세요. 이건 정말 밑져야 본전입니다. 믿고 반드시 회화에 집중해 보세요. 발음에 집중해보세요. 소리에 집중해 보세요. '입으로' 영어를 연습하세요. 눈으로 공부하면 영어 망합니다.

영어는
입으로

1

1. It was from stress.

2. You look good in that sweater.

3. I'm glad you like it.

4. I doubt that.

5. It takes some time.

day
1

1. 이뤄즈 /프롬스뜨**레**(스)

2. 율**룩**/**구**리냇스**웨**러

3. 아임/글**래**줄/**라이**킷(트)

4. 아이**다웃**/대(트)

5. 잇**테**익/썸**타**임

- 그건 스트레스 때문이었어.

- 너 그 스웨터 잘 어울린다.

- 네가 그거 마음에 들어 해서 정말 다행이야.

- 그럴 리가.

- 그거 시간 좀 걸려.

31

6. I'm scared.

7. Don't hurry me.

8. He didn't have any lunch.

9. I'm feeling all right.

10. You can't do that.

6. 아임/스**께**어(드)

7. 돈 **허**리/미

8. 히**디**른**해**/배닐**런**(취)

9. 아임/**필**링**오**롸이(트)

10. 유**캐앤두**/대(트)

- 나 무서워.

- 나 서두르게 하지 마! / 나 재촉하지 마.

- 얘는 점심에 아무것도 안 먹었어.

- 나 몸 괜찮아.

- 너 그러면 안 돼.

You were unlike you.
It was from stress.

You look good in that sweater.
But I don't like this color.

I love it so much.
I'm glad you like it.

I don't think I can do it.
I doubt that.

How long do I have to wait?
It takes some time.

너답지 않았어.
스트레스 때문이었어.

너 스웨터가 잘 어울려.
하지만 난 이 색깔이 별로야.

이거 정말 마음에 들어.
네가 마음에 들어 해서 정말 다행이야.

난 이거 못할 것 같은데.
그럴 리가.

얼마나 기다려야 해?
좀 시간이 걸려.

"배운 문장을 응용해 대화문을 따라해 보세요"

I'm scared.
Take it easy.

It's urgent.
Don't hurry me.

He looks haggard.
He didn't have any lunch.

I'm feeling all right.
Happy to hear that.

You can't do that.
Then what should I do?

나 무서워.

진정해.

이거 정말 급한 일이야.

나 다그치지 마.

얘가 초췌해 보여.

점심에 아무것도 안 먹어서 그래.

나 몸 괜찮아.

다행이다 정말.

너 그러면 안 돼.

그러면 내가 어떻게 해야 하는데?

"배운 문장을 응용해 대화문을 따라해 보세요"

1. 그건 스트레스 때문이었어.

2. 너 그 스웨터 잘 어울린다.

3. 네가 그거 마음에 들어 해서 정말 다행이야.

4. 그럴 리가.

5. 그거 시간 좀 걸려.

1. It was _____ _____.

2. You _____ good __ that sweater.

3. I'm _____ you _____ it.

4. I _____ that.

5. It _____ some _____.

"쓰지 말고, 입으로 말해보세요"

6. 무서워.

7. 재촉하지 마.

8. 얘 점심에 아무 것도 안 먹었어.

9. 나 몸 괜찮아.

10. 너 그러면 안돼.

6. I'm _____.

7. Don't _____ me.

8. He didn't ___ any lunch.

9. I'm _____ all right.

10. You _____ do that.

"쓰지 말고, 입으로 말해보세요"

41

11. I didn't mean it.

12. It doesn't make sense.

13. Let me see it.

14. Let's go for a walk.

15. I don't get it.

11. 아이 **디**른**미**/니(트)

12. 잇**다**즌**메**익/**쎈**(스)

13. **렛**미/**씨**이(트)

14. 렛츠**고**우/ 풔러 **워**어(크)

15. 아이**돈게**/리(트)

- 내가 일부러 그런 건 아니야.

- 그건 말이 안 돼.

- 나 그것 좀 보여줘.

- 우리 산책하러 가자.

- 난 그거 이해가 안 돼.

16. I'll tell him for you.

17. Don't do that.

18. Is that clear?

19. Do as I tell you.

20. We're awfully sorry.

16. 아일**텔**/림풔유

17. 돈**두**/대(트)

18. 이잿/클**리**어?

19. **두**/애자이**텔**/유

20. 위아/**아**풀리**쏘**리

- 그에게 너 대신 내가 말해 줄게.

- 그러지 마. / 그런 짓 하지 마.

- 무슨 말인지 알아듣겠어?

- 내가 말하는 대로 해.

- 우리가 정말 미안해.

You hurt me.
I didn't mean it.

I have no idea.
It doesn't make sense.

This picture came out well.
Let me see it.

Let's go for a walk.
Sounds good.

I don't need your help.
I don't get it.

너 때문에 내 마음이 얼마나 아픈데.
내가 일부러 그런 건 아니야.

난 모르는 일이야.
모르다니, 그게 말이 돼?

이 사진 잘 나왔는데.
어디 좀 봐봐.

우리 산책하러 가자.
좋지.

네 도움 필요하지 않아.
이해가 안 되네.

I'll tell him for you.
You don't have to.

I'll let him know that.
Don't do that.

Is that clear?
I still don't understand it.

Do as I tell you.
Yes, I will.

We're awfully sorry.
No problem.

내가 너 대신 걔한테 말해줄게.

그럴 필요 없어.

걔한테 그 사실을 알려줘야지.

그러지 마.

무슨 말인지 알아듣겠어?

난 아직도 이해 안 되는데.

내가 말하는 대로 해.

그럴게.

우리가 정말 미안해.

괜찮아.

"배운 문장을 응용해 대화문을 따라해 보세요"

11. 내가 일부러 그런 건 아니야.

12. 그거 말도 안 돼.

13. 나 그것 좀 보여줘.

14. 우리 산책 하러 가자.

15. 난 그거 이해가 안 돼.

11. I didn't _____ it.

12. It doesn't _____ _____.

13. Let me _____ it.

14. Let's _____ for a _____.

15. I don't _____ it.

"쓰지 말고, 입으로 말해보세요"

51

16. 그에게 너 대신 내가 말해 줄게.

17. 그러지 마.

18. 무슨 말인지 알아듣겠어?

19. 내가 말하는 대로 해.

20. 우리가 정말 미안해.

16. I'll ___ him ___ you.

17. Don't ___ that.

18. Is that _____?

19. Do as I ___ you.

20. We're _____ _____.

"쓰지 말고, 입으로 말해보세요"

53

21. Don't worry about me.

22. That's your job.

23. Put on your coat.

24. She's a good cook.

25. Stand still.

21. 돈**워**리/어바웃**미**

22. 댓쯔/**유**어**자**(브)

23. **푸**로뉴어/**코**우(트)

24. 쉬저/**굿쿠**우(크)

25. 스**땐**/스**띨**

- 내 걱정은 하지 마.

- 그건 네가 할 일이지.

- 코트 입어.

- 그녀는 요리를 잘해.

- 꼼짝 말고 가만히 서 있어.

26. Is that true?

27. We'll see about this.

28. I admit that.

29. What are you going to do?

30. What for?

26. 이잿/트**루**

27. 위일**씨**/어바웃**디**스

28. 아이엇**밋**/**대**(트)

29. **워**류고나/**두**

30. **왓**풔

- 그게 사실이야?

- 이 일은 우리가 알아서 처리할게.

- 그건 내가 인정해.

- 너 뭐 할 거야?

- 무엇 때문에?

You must be careful.
Don't worry about me.

Get him some coffee.
That's your job.

Put on your coat.
It's not cold at all.

She's a good cook.
I know.

Stand still.
I need to go to the bathroom.

너 조심해야 해.
내 걱정은 하지 마.

커피 좀 타드려.
그건 네가 할 일이지.

코트 입어.
하나도 춥지 않아.

그녀는 요리를 잘해.
나도 알지.

꼼짝 말고 가만히 서 있어.
나 화장실 가야 해.

Is that true?
How many times do I have to tell you?

We'll see about this.
Can I believe you?

She's smarter than you.
I admit that.

What are you going to do?
How about a drink?

I need some money.
What for?

그게 사실이야?
도대체 몇 번을 말해야 해?

이 일은 우리가 알아서 처리할게.
네 말 믿어도 돼?

그녀가 너보다 똑똑하잖아.
인정.

너 뭐 할 거야?
한잔할까?

나 돈이 좀 필요한데.
뭐 때문에?

21. **내 걱정은 하지 마.**

22. **그건 네가 할 일이지.**

23. **코트 입어.**

24. **그녀는 요리를 잘해.**

25. **꼼짝 말고 가만히 서 있어.**

21. Don't _____ about me.

22. That's your _____.

23. _____ on your _____.

24. She's a _____ _____.

25. Stand _____.

26. Is that _____?

27. We'll _____ about this.

28. I _____ that.

29. What are you going to _____?

30. What _____?

31. Something's wrong with him.

32. Stay inside.

33. How do you know?

34. Don't waste time.

35. Don't go near him.

31. **썸**씽즈/**롱**위딤

32. 스**떼**이/인**싸**이(드)

33. **하**우/두유**노**우

34. 돈**웨**이스/**타**임

35. 돈**고**우/니어림

- 걔 뭔가 이상해.

- 나오지 말고 안에 있어.

- 네가 어떻게 알아?

- 시간 낭비하지 마.

- 걔한테 가까이 가지 마.

36. Are you all right?

37. It's time for medicine.

38. She's so nasty.

39. I won't be long.

40. Where did you go to school?

36. 아유/오**라**이(트)

37. 잇쓰/**타**임/풔**메**디슨

38. 쉬즈/**소내**스티

39. 아이**워**운비/**롱**

40. **웨**어/디주**고**우/루스**쿨**

- 너 괜찮아?

- 약 먹을 시간이야.

- 그녀는 성질이 고약해.

- 오래 안 걸릴 거야.

- 너 어느 학교 다녔어?

How is he?

Something's wrong with him.

Stay inside.

I'm bored.

How do you know?

Somebody told me.

Don't waste time.

Trust me.

Don't go near him.

What makes you say that?

걔 좀 어때?

걔 뭔가 좀 이상해.

나오지 말고 안에 있어.

따분하단 말이야.

네가 어떻게 알아?

누가 말해줬어.

시간 낭비하지 마.

나를 좀 믿어봐.

걔한테 가까이 가지 마.

그렇게 말하는 이유가 뭐야?

"배운 문장을 응용해 대화문을 따라해 보세요"

Are you all right?
I have a stomachache.

It's time for medicine.
I forgot to bring it.

She's so nasty.
I'm used to it.

I won't be long.
I will be waiting.

Where did you go to school?
The same school as you.

괜찮아?
배가 좀 아파.

약 먹을 시간이야.
가져오는 걸 깜빡했네.

걔 성질 정말 고약해.
난 익숙해졌어.

오래 안 걸릴 거야.
기다리고 있을게.

어느 학교 다녔어?
너하고 같은 학교.

"배운 문장을 응용해 대화문을 따라해 보세요"

73

31. 걔 뭔가 이상해.

32. 나오지 말고 안에 있어.

33. 네가 어떻게 알아?

34. 시간 낭비하지 마.

35. 걔한테 가까이 가지 마.

31. Something's ____ with him.

32. Stay _____.

33. ____ do you ____?

34. Don't _____ time.

35. Don't go ____ him.

36. **너 괜찮아?**

37. **약 먹을 시간이야.**

38. **그녀는 성질이 고약해.**

39. **오래 안 걸릴 거야.**

40. **너 어느 학교 다녔어?**

36. Are you ____ _____?

37. It's time for _____.

38. She's so _____.

39. I won't be _____.

40. Where did you ____ to _____?

"쓰지 말고, 입으로 말해보세요"

41. I didn't ask you.

42. Hold on a minute.

43. Do you really think so?

44. He's asleep.

45. I don't smoke.

day

5

41. 아이**디**른/**애**스큐

42. **홀**도너/**미**니(트)

43. 두유**리**얼리**씽**(크)**쏘**

44. 히저슬**리이**(프)

45. 아이**돈**스**모**(크)

- 내가 언제 물어봤어?

- 잠깐 기다려 봐.

- 너 진짜 그렇게 생각해?

- 걔 잠들었어.

- 난 담배 안 피워.

46. Don't talk like that.

47. How can you tell?

48. What's so interesting?

49. Sorry I'm late.

50. Be careful.

"강의를 들은 후, 소리내어 읽어 보세요"

46. **돈토**(클)/라잌대(트)

47. **하**우/캐뉴**텔**

48. **왓**/쏘**인**터레스팅

49. **쏘**리/아임/**레**이(트)

50. 비/**케**어풀

- 그런 식으로 말하지 마.

- 어떻게 구분해?

- 뭐가 그렇게 재미있어?

- 늦어서 미안해.

- 조심해.

I'm not married.
I didn't ask you.

See you in an hour.
Hold on a minute.

We need to accept his offer.
Do you really think so?

He's asleep.
Can you come out, then?

I don't smoke.
You gave up smoking?

나 결혼 안 했어.
내가 언제 물어봤어?

한 시간 후에 보자.
잠깐만.

우린 그의 제안을 받아들여야 해.
정말 그렇게 생각해?

걔 잠들었어.
그러면, 지금 나올 수 있겠어?

나 담배 안 피워.
담배 끊은 거야?

"배운 문장을 응용해 대화문을 따라해 보세요"

I'll never see you again.
Don't talk like that.

How can you tell?
Just a hunch.

What's so interesting?
He's so intelligent, isn't he?

Sorry I'm late.
Overslept again?

Be careful.
Don't wait up for me.

다시는 너 안 만나.
그런 식으로 말하지 마.

어떻게 구별해?
그냥 직감이야.

뭐가 그렇게 재미있어?
저 사람 정말 똑똑하지 않니?

늦어서 미안.
또 늦잠 잔 거야?

조심해.
기다리지 말고 먼저 자.

"배운 문장을 응용해 대화문을 따라해 보세요"

41. 내가 언제 물어봤어?

42. 잠깐 기다려 봐.

43. 너 진짜 그렇게 생각해?

44. 걔 잠들었어.

45. 난 담배 안 피워.

41. I didn't _____ you.

42. _____ on a minute.

43. Do you really _____ so?

44. He's _____.

45. I don't _____.

"쓰지 말고, 입으로 말해보세요"

46. 그런 식으로 말하지 마.

47. 어떻게 구분해?

48. 뭐가 그렇게 재미있어?

49. 늦어서 미안해.

50. 조심해.

46. Don't ____ ____ that.

47. How can you ____?

48. What's so ____?

49. ____ I'm ____.

50. Be ____.

51. Think about it.

52. I was a little early.

53. If you don't mind.

54. You're quiet today.

55. You can keep that.

day
6

51. **씽/**커바우리(트)

52. 아이워/저**리**를**럴**리

53. **이**퓨**돈마**인(드)

54. 유아**콰**이엇/투**데**이

55. 유캔/**키**입대(트)

- 그것에 대해서 생각을 좀 해봐.

- 내가 좀 일찍 왔지.

- 네가 괜찮다면.

- 너 오늘 말이 없네.

- 그건 너 가져도 돼.

56. I'm finished with it.

57. He's very intelligent.

58. It's not that hard.

59. Does that happen a lot?

60. Believe me.

56. 아임/**피**니쉬(트)/위디(트)

57. 히이즈/**베**리인**텔**리전(트)

58. 잇쓰**낫/댓하**아(드)

59. 다즈댓**해**프/널**라**(트)

60. 블**리이**브/미

- 난 그거 다 끝났어. / 난 그거 다 읽었어.

- 걔 굉장히 똑똑해.

- 그건 그렇게까지 어렵지는 않아.

- 그런 일이 자주 생기나?

- 내 말을 믿어.

Think about it.
Why should I?

Sorry I'm late.
I was a little early.

You want to do it alone?
If you don't mind.

You're quiet today.
I have nothing to say.

You can keep that.
Are you serious?

그거 생각해봐.
내가 왜?

늦어서 미안.
내가 좀 일찍 온 거야.

그걸 혼자 하고 싶은 거야?
네가 괜찮다면.

너 오늘 조용하네.
할 말이 없어.

너 그거 가져도 돼.
진심으로 하는 말이야?

"배운 문장을 응용해 대화문을 따라해 보세요"

I'm finished with it.
So can I borrow it from you?

What do you see in him?
He's very intelligent.

It looks so difficult.
It's not that hard.

Does that happen a lot?
More than you think.

Believe me.
I know you're lying to me.

난 그거 다 읽었어.
그러면 그거 좀 빌려도 돼?

넌 걔 어디가 그렇게 좋아?
걔 무척 똑똑해.

그거 무척 어려워 보이는데.
그렇게까지 어렵진 않아.

그런 일이 자주 일어나?
네 생각보단 더 자주.

내 말을 믿어.
너 지금 거짓말 하는 거 내가 아는데.

"배운 문장을 응용해 대화문을 따라해 보세요"

51. 그것에 대해 생각을 좀 해봐.

52. 내가 좀 일찍 왔지.

53. 네가 괜찮다면.

54. 너 오늘 말이 없네.

55. 그건 너 가져도 돼.

51. _____ about it.

52. I was a _____ _____.

53. If you don't _____.

54. You're _____ today.

55. You can _____ that.

56. 난 그거 다 읽었어.

57. 걔 굉장히 똑똑해.

58. 그건 그렇게까지 어렵진 않아.

59. 그런 일이 자주 생기나?

60. 내 말을 믿어.

56. I'm _____ with it.

57. He's very _____.

58. It's not _____ _____.

59. Does that _____ a ___?

60. _____ me.

61. You don't have a choice.

62. Get some sleep.

63. Are you mad at me?

64. I can't help it.

65. I just want to talk.

day
7

61. 유**돈해**/버**초**이(스)

62. **겟**/썸 슬**리이**(프)

63. 아유/**매**/랫미

64. 아**캐**앤**헬**/피(트)

65. 아이**저스워**/너**토**오(크)

- 넌 선택의 여지가 없어.

- 잠 좀 자.

- 나한테 화났어?

- 난 어쩔 수 없어.

- 난 그냥 대화가 하고 싶은 거야.

66. I'll explain later.

67. You said that already.

68. You look a little nervous.

69. It was fun.

70. You know him?

66. 아일익스플레인/레이러

67. 유쎄에/대/러레리

68. 율루우/커리를너버(스)

69. 이뤄(즈)/펀

70. 유노우/힘

- 내가 나중에 설명해 줄게.

- 너 그 말은 이미 했잖아.

- 너 조금 긴장돼 보인다.

- 그거 재미있었어

- 너 걔 잘 알아?

What should I do?

You don't have a choice.

I'm so tired.

Get some sleep.

What did you do that for?

Are you mad at me?

I can't help it.

I understand.

I just want to talk.

Sorry. I have no time.

내가 뭘 해야 해?

넌 선택의 여지가 없어.

정말 피곤하다.

잠 좀 자.

너 뭣 때문에 그런 짓을 한 거야?

나한테 화났어?

난 지금 어쩔 수가 없어.

이해해.

난 그냥 대화가 하고 싶은 거야.

미안. 내가 시간이 없어.

May I ask what happened?
I'll explain later.

I didn't do it on purpose.
You said that already.

You look a little nervous.
No. Not at all.

It was fun.
I should have been there.

You know him?
Of him.

무슨 일이 있었는지 물어봐도 될까?

나중에 설명해 줄게.

내가 의도적으로 그런 게 아니야.

그건 이미 얘기했어.

너 좀 긴장돼 보이는데.

아니. 전혀.

그거 재미있었어.

나도 거기 갔어야 했는데.

너 그 사람 잘 알아?

그 사람에 대해서 아는 거지.

61. **넌 선택의 여지가 없어.**

62. **잠 좀 자.**

63. **나한테 화났어?**

64. **난 어쩔 수 없어.**

65. **난 그냥 대화가 하고 싶은 거야.**

61. You don't have a _____.

62. Get some _____.

63. Are you ___ at me?

64. I can't _____ it.

65. I just want to _____.

"쓰지 말고, 입으로 말해보세요"

111

66. 내가 나중에 설명해 줄게.

67. 너 그 말은 이미 했잖아.

68. 너 조금 긴장돼 보인다.

69. 그거 재미있었어.

70. 너 걔 잘 알아?

66. I'll _____ later.

67. You ____ that _____.

68. You look a ____ _____.

69. It was ___.

70. You _____ him?

71. I know.

72. I'm not surprised.

73. I was just curious.

74. Are you feeling okay?

75. Feel free to ask.

day

8

71. 아이**노**우

72. 아임**낫**/써프**라**이즈(드)

73. 아이워/**저**스(트)**큐어**리어(스)

74. 아유/**필**링/오**케**이

75. **피**일/프**리이**/투애(스크)

- 나도 알아.

- 놀랄 일 아니야.

- 그냥 궁금해서 그랬어.

- 몸 좀 괜찮아?

- 마음껏 물어봐.

76. You're good at it.

77. Who told you that?

78. Are you listening to me?

79. Is something wrong?

80. I can't imagine that.

76. 유아/**구**우/래리(트)

77. **후톨**/쥬/대(트)

78. 아윸/**리**스닝/투미

79. 이(즈)**썸**씽/**롱**

80. 아이**캐앤**티매진/대(트)

- 너 그거 잘하잖아.

- 누가 너한테 그 말을 해줬어?

- 너 지금 내 말 듣고 있는 거야?

- 뭐가 잘못됐어?

- 그건 상상할 수가 없어.

It's not his fault.
I know.

They broke up.
I'm not surprised.

You asked too many questions.
I was just curious.

Are you feeling okay?
I'm feeling better.

Can I ask a question?
Feel free to ask.

그거 걔 잘못이 아니야.
나도 알아.

개들 헤어졌어.
놀랄 일도 아니야

너 질문이 너무 많았어.
그냥 궁금해서 그랬지 뭐.

몸 좀 괜찮아?
좋아지고 있어.

질문 하나 해도 되나요?
마음껏 하세요.

"배운 문장을 응용해 대화문을 따라해 보세요"

Do you want me to handle this?

You're good at it.

They're using drugs.

Who told you that?

Are you listening to me?

Sorry. I'll call you back later.

Is something wrong?

No. Everything's okay.

I can't imagine that

Me neither.

나더러 이걸 처리하라고?

네가 잘하는 일이잖아.

걔들 마약 해.

누가 그래?

너 지금 내 말 듣고 있는 거야?

미안. 내가 나중에 다시 전화할게.

무슨 문제 있어?

아니. 아무런 문제 없어.

그건 정말 상상할 수도 없어.

나도 마찬가지야.

71. **나도 알아.**

72. **놀랄 일 아니야.**

73. **그냥 궁금해서 그랬어.**

74. **몸 좀 괜찮아?**

75. **마음껏 물어봐.**

71. I _____.

72. I'm not _____.

73. I was just _____.

74. Are you _____ okay?

75. Feel _____ to _____.

76.   너 그거 잘하잖아.

77.   누가 너한테 그 말을 해줬어?

78.   너 지금 내 말 듣고 있는 거야?

79.   뭐가 잘못됐어?

80.   그건 상상할 수가 없는 일이야.

76. You're _____ at it.

77. Who _____ you that?

78. Are you _____ to me?

79. Is something _____?

80. I can't _____ that.

"쓰지 말고, 입으로 말해보세요"

125

81. I've never heard of it.

82. It's a long story.

83. You're not alone.

84. This is serious.

85. I'll meet you there.

day

9

81. 아이브**네**버**허**/러비(트)

82. 잇썰/**로옹**스**또**리

83. 유아/**나**럴**로**운

84. 디시이(즈)/**씨어**리어(스)

85. 아일**미**츄데어

- 난 그 얘긴 들어본 적이 없어.

- 얘기하자면 길어.

- 너만 그런 게 아니야.

- 이거 심각한 얘기야.

- 이따 거기에서 만나.

86. I'll keep that in mind.

87. It takes a while.

88. Just be patient.

89. It's so unfair.

90. It wasn't your fault.

"강의를 들은 후, 소리내어 읽어 보세요"

86. 아일**키**입/**대**/린**마**인(드)

87. 잇**테**잌/써**와**일

88. **저**스비/**페**이션(트)

89. 잇**쏘**/언**페**어

90. 잇**워**즌/유어**포**올(트)

- 그거 기억해 둘게.
- 그거 시간 좀 걸려.
- 인내심을 갖고 기다려 봐.
- 그건 완전히 부당한 일이야.
- 그게 너의 잘못은 아니었잖아.

He got fired for it.
I've never heard of it.

What makes you say that?
It's a long story.

I failed the test again.
You're not alone.

This is serious.
I don't think so.

I'll meet you there.
Be on time.

걔 그 일 때문에 해고된 거야.
난 그 얘긴 한 번도 들어본 적 없어.

네가 그렇게 말하는 이유가 뭐야?
얘기하자면 길어.

나 그 시험 또 떨어졌어.
너만 그런 거 아니잖아.

이거 심각한 얘기야.
난 그렇게 생각하지 않아.

이따 거기에서 만나.
시간 맞춰 와.

"배운 문장을 응용해 대화문을 따라해 보세요"

Check it out every other day.
I'll keep that in mind.

It takes a while.
I'll be waiting for your call.

Just be patient.
How long?

It's so unfair.
But you should accept it.

It wasn't your fault.
Yes, it was.

그거 이틀에 한 번씩 확인해봐야 해.

기억할게.

그거 시간 좀 걸려.

네 전화 기다리고 있을게.

인내심을 갖고 기다려봐.

얼마나?

그건 너무 부당해.

하지만 받아들여야 해.

그건 네 잘못이 아니었잖아.

내 잘못 맞아.

"배운 문장을 응용해 대화문을 따라해 보세요"

81. 난 그 얘긴 들어본 적이 없어.

82. 얘기하자면 길어.

83. 너만 그런 게 아니야.

84. 이거 심각한 얘기야.

85. 이따 거기에서 만나.

81. I've _____ _____ of it.

82. It's a _____ story.

83. You're not _____.

84. This is _____.

85. I'll _____ you there.

"쓰지 말고, 입으로 말해보세요"

86. 그거 기억해 둘게.

87. 그거 시간 좀 걸려.

88. 인내심을 갖고 기다려 봐.

89. 그건 완전히 부당한 일이야.

90. 그게 네 잘못은 아니었잖아.

86. I'll _____ that in _____.

87. It _____ a _____.

88. Just be _____.

89. It's so _____.

90. It wasn't your _____.

91. I don't wear makeup.

92. I'm so proud of you.

93. It's a good opportunity.

94. Are you seeing anybody?

95. Don't ask me why.

day
10

91. 아이**돈웨**어/**메이**커(프)

92. 아임/**쏘**ㅍ**라우**/러뷰우

93. 있써/**구우**라퍼**튜**너티

94. 아유/**씨**잉**애**니바리

95. **돈애**스(크)/미**와**이

- 난 평소에 화장 안 해.
- 난 네가 정말 자랑스러워.
- 그거 좋은 기회야.
- 너 요즘 만나는 사람 있어?
- 나한테 이유 묻지 마.

96. Nothing will happen.

97. I'm not just saying it.

98. You can't do this to me.

99. Nothing's changed.

100. Let me call you back.

96. **낫**씽월**해**픈

97. 아임**낫**/저**쌔**잉이(트)

98. 유**캐**앤**두**/**디**스/투미

99. **낫**씽(즈)**췌**인(쥐드)

100. **렛**미/**콜**유/**배**(크)

- 아무 일도 없을 거야.

- 나 그거 그냥 하는 말 아니야.

- 네가 나한테 이러면 안 되지.

- 바뀐 건 하나도 없어.

- 내가 다시 전화할게.

You're not wearing makeup.
I don't wear makeup.

I refused his offer.
I'm so proud of you.

They want to work with me.
It's a good opportunity.

Are you seeing anybody?
It shows?

Don't ask me why.
Why not?

화장 안 하셨네요.
전 평소에 화장 안 해요.

난 그의 제안을 거절했어.
너 진짜 자랑스러워.

그들이 나하고 일하고 싶어 해.
그거 정말 좋은 기회야.

너 요즘 만나는 사람 있어?
그게 티나?

나한테 이유 묻지 마.
왜 묻지 마?

"배운 문장을 응용해 대화문을 따라해 보세요"

Nothing will happen.
How can you be so sure?

I'm not just saying it.
So what do you want me to do?

You can't do this to me.
What did I do to you?

Nothing's changed.
I like hearing that.

Let me call you back.
Okay. Talk to you later.

아무 일도 없을 거야.
어떻게 그렇게 확신해?

나 그거 그냥 하는 말 아니야.
그래 내가 뭘 하면 좋겠어?

네가 나한테 이럴 순 없지.
내가 너한테 뭘 어쨌는데?

바뀐 건 하나도 없어.
그 말을 들으니 안심되네.

다시 전화할게.
그래. 나중에 얘기하자.

"배운 문장을 응용해 대화문을 따라해 보세요"

91. **난 평소에 화장 안 해.**

92. **난 네가 정말 자랑스러워.**

93. **그거 좋은 기회야.**

94. **너 요즘 만나는 사람 있어?**

95. **나한테 이유 묻지 마.**

91. I don't _____ _____.

92. I'm so _____ of you.

93. It's a good _____.

94. Are you _____ anybody?

95. Don't ask me _____.

"쓰지 말고, 입으로 말해보세요"

96. **아무 일도 없을 거야.**

97. **나 그거 그냥 하는 말 아니야.**

98. **네가 나한테 이러면 안 되지.**

99. **바뀐 건 하나도 없어.**

100. **내가 다시 전화할게.**

96. **Nothing will _____.**

97. **I'm not just _____ it.**

98. **You can't do ____ to me.**

99. **Nothing's _____.**

100. **Let me ____ you ____.**

101. Do you have her number?

102. I've never seen her before.

103. Just leave them on my desk.

104. We know each other.

105. Is that a problem?

101. 두유**해**/버**넘**버

102. 아이브**네**버**씨이**/너비**퍼**

103. 저스**리이**(브)/데/몬마이**데**스(크)

104. 위**노**우/**이**취**아**더

105. 이**재**/러프**라**블럼

- 그녀 전화번호 가지고 있니?

- 그녀를 전에 본 적이 없어.

- 그냥 내 책상 위에 둬.

- 우리 서로 아는 사이야.

- 그게 문제야?

106. I'm shocked.

107. Let's focus on that.

108. I made a mistake.

109. It was an accident.

110. Catch you later.

"강의를 들은 후, 소리내어 읽어 보세요"

106. 아임/**샤아**(크트)

107. 렛츠**포우**커/손댓(트)

108. 아이**메이**/러미스**테**이(크)

109. 이뤄/저**낵**씨던(트)

110. **캐/츌레**이(러)

- 나 충격받았어.

- 우리 거기에 집중하자.

- 내가 실수했어.

- 그건 사고였어.

- 잘 가.

Why don't you call her?
Do you have her number?

Do you know her?
I've never seen her before.

Where should I put these?
Just leave them on my desk.

Have you two met?
We know each other.

Is that a problem?
I don't think so.

그녀에게 전화해보지 그래?

너 걔 전화번호 알아?

너 저 여자 알아?

한 번도 본 적 없어.

이거 다 어디에 놔야 해?

그냥 내 책상 위에 둬.

둘이 만난 적 있어?

우리 잘 아는 사이야.

그게 문제가 돼?

아니야, 문제는 무슨.

"배운 문장을 응용해 대화문을 따라해 보세요"

155

I'm shocked.
I don't blame you.

Let's focus on that.
Why do you think it's so important?

You don't look good.
I made a mistake.

Why did it happen?
It was an accident.

Catch you later.
Take care.

나 충격받았어.

당연하지.

우리 거기에 집중하자.

넌 왜 그게 그렇게 중요하다고 생각하는 거야?

너 안색이 안 좋네.

내가 실수를 좀 했어.

왜 그런 일이 일어난 거야?

사고였어.

잘 가.

잘 지내.

"배운 문장을 응용해 대화문을 따라해 보세요"

157

101. 그녀 전화번호 가지고 있어?

102. 그녀를 전에 본 적이 없어.

103. 그냥 내 책상 위에 둬.

104. 우리 서로 아는 사이야.

105. 그게 문제야?

101. Do you have her _____?

102. I've never _____ her ____.

103. Just _____ them ___ my desk.

104. We _____ each _____.

105. Is that a _____?

106. 나 충격받았어.

107. 우리 거기에 집중하자.

108. 내가 실수했어.

109. 그건 사고였어.

110. 잘 가.

106. I'm _____.

107. Let's _____ ___ that.

108. I _____ a _____.

109. It was an _____.

110. _____ you _____.

"쓰지 말고, 입으로 말해보세요"

111. I'll see you at lunch.

112. The movie's starting.

113. I got you something.

114. What's it called?

115. Did you get my message?

day
12

111. 아일**씨이**/유/애(틀)**런**(취)

112. 더 **무**비(즈)/스**타**팅

113. 아이**갓**/츄/**썸**씽

114. **왓**씻/**코올**(드)

115. 디쥬**겟**/마이**메**시(지)

- 점심시간에 보자.

- 영화 곧 시작돼.

- 너 주려고 샀어.

- 그거 뭐라고 불러?

- 내 메시지 받았어?

116. He left for the office.

117. When did that happen?

118. Do you have plans this weekend?

119. I'm not interested.

120. I disagree.

116. 힐**레**프(트)/퍼디**아**피(스)

117. **웬**디레(트)**해**픈

118. 두유**해**(브)/플**랜**(즈)/디스**위**캔(드)

119. 아임/**나린**터레스티(드)

120. 아이디써그**리**이

- 사무실로 출근했어요.

- 그거 언제 있었던 일이야?

- 이번 주말에 약속 있어?

- 난 관심 없어.

- 난 생각이 달라.

I'll see you at lunch.
Don't be late.

The movie's starting.
I need to go to the bathroom.

I got you something.
You're not yourself.

What's it called?
Pheasant. It's called pheasant.

Did you get my message?
No. When did you send it?

점심시간에 봐.
늦지 마.

영화 곧 시작한다.
나 화장실 다녀올게.

너 주려고 샀어.
너답지 않게 무슨.

그걸 뭐라고 불러?
꿩. 꿩이라고 불러.

내 메시지 받았어?
아니. 언제 보냈는데?

"배운 문장을 응용해 대화문을 따라해 보세요"

Is John there?

He left for the office.

He disappeared.

When did that happen?

Do you have plans this weekend?

No. Why are you asking?

I'm not interested.

I didn't ask you.

I disagree.

So what is your opinion?

존 있어요?

출근했는데.

그가 사라졌어.

언제 있었던 일이야?

이번 주말에 약속 있어?

아니. 왜 물어?

난 관심 없어.

누가 물어봤어?

난 생각이 달라.

그래 네 생각은 어떤데?

"배운 문장을 응용해 대화문을 따라해 보세요"

111. 점심시간에 보자.

112. 영화 곧 시작돼.

113. 너 주려고 샀어.

114. 그거 뭐라고 불러?

115. 내 메시지 받았어?

111. I'll ____ you at _____.

112. The movie's _____.

113. I ____ you something.

114. What's it _____?

115. Did you ____ my message?

116. **사무실 출근하셨어요.**

117. **언제 있었던 일이야?**

118. **이번 주말에 약속 있어?**

119. **난 관심 없어.**

120. **난 생각이 달라.**

116. He _____ for the office.

117. When did that _____?

118. Do you have _____ this weekend?

119. I'm not _____.

120. I _____.

121. I have an appointment.

122. You're five minutes late.

123. Can I get you anything?

124. I don't get it.

125. Buckle up.

121. 아이**해**/버너**포**인(트)먼(트)

122. 유아/**파**이브**미**니츨/**레**이(트)

123. 캐나이**게**/츄**애**니씽

124. 아이**돈게**/리(트)

125. **버**클러(프)

- 나 약속 있어.

- 너 5분 늦었어.

- 뭐 마실 거라도 좀 드릴까요?

- 난 이해가 안 돼.

- 안전벨트 매.

126. I'm on your side.

127. Take your time.

128. Can I help you with something?

129. Something smells good.

130. It's a little cold outside.

126. 아이/모뉴어**싸**이(드)

127. **테**이큐어**타**임

128. 케나이**헬**/퓨윗**썸**씽

129. **썸**씽스**멜**즈/**구우**(드)

130. 이써/**리**를**콜**(드)아웃**싸**이(드)

- 난 네 편이야.

- 천천히 해.

- 내가 뭐 좀 도와줄까?

- 좋은 냄새가 나네.

- 바깥 날씨 약간 추워.

What's the hurry?
I have an appointment.

You're five minutes late.
Sorry. I got stuck in traffic.

Can I get you anything?
Just some cold water, please.

I don't get it.
Nobody can get it.

Buckle up.
It's bothering.

왜 그리 서둘러?

나 약속이 있어.

너 5분 늦었어.

미안. 교통체증에 걸려서 꼼짝 못 했어.

뭐 마실 거라도 좀 드릴까요?

차가운 물 좀 주세요.

난 이해가 안 돼.

그걸 누가 이해할 수 있겠니.

안전벨트 매.

귀찮아.

"배운 문장을 응용해 대화문을 따라해 보세요"

Whose side are you on?
I'm on your side.

It takes too much time.
Take your time.

Can I help you with something?
Can you call him for me?

Something smells good.
I'm making a stew.

It's a little cold outside.
Put on your coat.

넌 도대체 누구 편이야?

네 편이지.

시간이 너무 오래 걸려.

천천히 해.

내가 뭐 좀 도와줄까?

나 대신 걔한테 전화 좀 걸어 줄래?

맛있는 냄새가 나네.

스튜 만들고 있어.

바깥 날씨 약간 추워.

코트 입어.

121. 나 약속 있어.

122. 너 5분 늦었어.

123. 뭐 마실 거라도 좀 드릴까요?

124. 난 이해가 안 돼.

125. 안전벨트 매.

121. I have an _____.

122. You're five minutes ___.

123. Can I ___ you anything?

124. I don't ___ it.

125. _____ up.

126. 난 네 편이야.

127. 천천히 해.

128. 내가 뭐 좀 도와줄까?

129. 좋은 냄새가 나네.

130. 바깥 날씨 좀 추워.

126. I'm on your ____.

127. _____ your time.

128. Can I help you ___ something?

129. Something ____ good.

130. It's a little ____ outside.

131. It's not far from here.

132. That's allowed?

133. I'll be back in just a second.

134. I don't remember much about it.

135. What's the rush?

day
14

131. 이쓰/**낫화**/프롬**히**어

132. 대쓰/얼**라**우(드)

133. 아일비/**배**킨**저**스터**쎄**컨(드)

134. 아이**돈**리**멤**버/**머**취어바우리(트)

135. **와**쓰/더**러**쉬

- 여기에서 멀지 않아.

- 원래 그래도 되는 거야?

- 곧 돌아오겠습니다.

- 그게 그다지 많이 기억나지는 않아.

- 왜 그렇게 서둘러?

187

136. It's been a long time.

137. You don't believe me?

138. I'm being honest.

139. I'm stressed.

140. I'm so tired of hearing it.

136. 이쓰비이/너 **롱타**임

137. 유 **돈**빌리(브) **미**

138. 아임 **비**잉/ **아**니스(트)

139. 아임/스트 **레**스(트)

140. 아임/ **쏘타**이어더(브)/ **히**어링이(트)

- 오랜만입니다.

- 내 말 못 믿는 거야?

- 나 지금 정직하게 말하고 있는 거야.

- 정말 스트레스 쌓인다.

- 그 얘기 듣는 거 이젠 질렸어.

Where is it located?
It's not far from here.

You can park here.
That's allowed?

When will you be back?
I'll be back in just a second.

Tell me what happened.
I don't remember much about it.

What's the rush?
Something came up suddenly.

그게 어디에 있어?

여기에서 멀지 않아.

여기에 주차하면 돼.

원래 그래도 되는 거야?

언제 올 건데?

금방 와.

무슨 일이 있었는지 말해봐.

그 일이 많이 기억나지는 않아.

왜 그렇게 서둘러?

갑자기 일이 좀 생겼어.

"배운 문장을 응용해 대화문을 따라해 보세요"

It's been a long time.
How have you been?

You don't believe me?
How could I believe you?

Tell me the truth.
I'm being honest.

I'm stressed.
How about going out for a walk?

When I was your age...
I'm so tired of hearing it.

오랜만이네.
어떻게 지냈어?

내 말 못 믿어?
내가 네 말을 어떻게 믿어?

사실대로 말해.
나 지금 정직하게 말하고 있는 거야.

나 정말 스트레스 쌓인다.
나가서 좀 걸을까?

내가 네 나이 때는…
그 얘기 듣는 거 이제 너무 피곤해요.

131. **여기에서 멀지 않아.**

132. **원래 그래도 되는 거야?**

133. **곧 돌아오겠습니다.**

134. **그게 그다지 많이 기억나지는 않아.**

135. **왜 그렇게 서둘러?**

131. It's not ___ from here.

132. That's _____?

133. I'll be back ___ just a second.

134. I don't _____ much about it.

135. What's the _____?

136. 오랜만입니다.

137. 내 말 못 믿는 거야?

138. 나 지금 정직하게 말하고 있는 거야.

139. 정말 스트레스 쌓인다.

140. 그 얘기 듣는 거 질렸어.

136. It's been a ____ time.

137. You don't _____ me?

138. I'm _____ honest.

139. I'm _____.

140. I'm so ____ of hearing it.

141. Let's not talk about it.

142. There's not much to know.

143. Did you sleep okay?

144. Don't let it happen again.

145. It won't take long.

- 우리 그 얘기는 하지 말자.

- 알 게 별로 많지 않은데.

- 잘 잤어?

- 다시는 그런 일 없도록 해.

- 오래 걸리지 않을 거야.

146. How was work today?

147. That's a good sign.

148. What time will you be home?

149. Can I get a receipt?

150. Go get a shower.

146. **하**우워(즈)**워**(크)/투**데**이

147. **댓**써/**구**웃**싸**인

148. **왓타**임월유비/**홈**

149. 케나이**게**/러리**씨이**(트)

150. **고**우**게**/러**샤우**워

- 오늘 회사에서 어땠어?

- 그거 좋은 징조야.

- 몇 시에 집에 들어올 거야?

- 영수증 주시겠어요?

- 가서 샤워해.

We'd better attend the meeting.
Let's not talk about it.

I want to know about you.
There's not much to know.

Did you sleep okay?
I slept well.

Don't let it happen again.
Sorry. It won't happen again.

It won't take long.
I'll be waiting.

우리 그 회의에 참석하는 게 좋은데.

우리 그 얘기는 하지 말자.

당신에 대해서 알고 싶어요.

알 게 별로 없어요.

잘 잤어요?

아주 잘 잤습니다.

다시는 그런 일 없도록 해.

죄송합니다. 다시는 그런 일 없을 겁니다.

오래 걸리지 않아.

기다리고 있을게.

How was work today?
Nothing to talk about.

He started to talk to me.
That's a good sign.

What time will you be home?
I don't know for sure.

Can I get a receipt?
Sure. Wait a sec.

I'm all sweaty.
Go get a shower.

오늘 회사에서 어땠어?
할 말 없어.

걔 나하고 대화하기 시작했어.
좋은 징조네.

집에 몇 시에 들어올 거야?
확실히 모르겠어.

영수증 받을 수 있을까요?
그럼요. 잠시만요.

나 완전 땀 범벅이야.
가서 샤워해.

"배운 문장을 응용해 대화문을 따라해 보세요"

141. 우리 그 얘기는 하지 말자.

142. 알 게 별로 많지 않은데.

143. 잘 잤어?

144. 다시는 그런 일 없도록 해.

145. 오래 걸리지 않을 거야.

141. Let's not _____ about it.

142. There's not _____ to _____.

143. Did you sleep _____?

144. Don't let it _____ again.

145. It won't _____ long.

146. 오늘 회사에서 어땠어?

147. 그거 좋은 징조야.

148. 몇 시에 집에 들어올 거야?

149. 영수증 주시겠어요?

150. 가서 샤워해.

146. How was _____ today?

147. That's a good _____.

148. What time will you be _____?

149. Can I _____ a receipt?

150. Go _____ a shower.

151. Let me buy you lunch.

152. When is the next train?

153. What brings you here?

154. I'm pleased to meet you.

155. His cell is off.

151. **렛**미/**바**이유**런**(취)

152. **웨**니즈/더**넥**스트**레**인

153. **왓브**링쥬/**히**어

154. 아임플**리**스/터**미이**츄우

155. 히즈**쎌**리/**저**(프)

- 내가 점심 살게.

- 다음 열차는 언제죠?

- 여기에는 무슨 일로 오셨어요?

- 만나서 반가워요.

- 그의 휴대전화가 꺼져 있어요.

156. I was afraid of that.

157. Why do you keep saying that?

158. What was your major in college?

159. She's in her thirties.

160. You should have told me.

156. 아이워/저프**레이**러(브)**대**(트)

157. **와**이두유**키이**(프)/**쎄**잉대(트)

158. **왓**워/쥬어**메이**저인**칼**리(쥐)

159. 쉬지/너**써**티(즈)

160. 유**슈**래(브)**톨**(드)미

- 내가 그렇게 될 줄 알았지.

- 왜 계속 그 말을 하는 건데?

- 대학에서 전공이 뭐였어?

- 그녀의 나이는 30대야.

- 진작 말해주지.

Let me buy you lunch.
Sounds good.

When is the next train?
Ten past three.

What brings you here?
I'm here for pleasure.

I'm pleased to meet you.
You too.

Call him and ask for help.
His cell is off.

내가 점심 살게.
좋지.

다음 열차는 언제죠?
3시 10분입니다.

여기에는 무슨 일로 오신 거예요?
관광차 온 거예요.

만나서 반갑습니다.
저도요.

걔한테 전화해서 도와달라고 해.
전화기가 꺼져 있어요.

"배운 문장을 응용해 대화문을 따라해 보세요"

The contract was cancelled.
I was afraid of that.

You must be careful of her.
Why do you keep saying that?

What was your major in college?
Why do you want to know?

Do you know how old she is?
She's in her thirties.

She has gone for the day.
You should have told me.

그 계약 파기됐어.

내가 그렇게 될 줄 알았어.

그녀 조심해야 해.

왜 계속 그 말씀을 하시는 거예요?

대학에서 전공은 뭐였어요?

왜 알고 싶은 건데요?

그녀가 몇 살인지 알아?

30대야.

걔 퇴근했는데.

진작에 좀 말해주지.

151. **내가 점심 살게.**

152. **다음 열차는 언제죠?**

153. **여기에는 무슨 일로 오셨어요?**

154. **만나서 반가워요.**

155. **그의 휴대전화가 꺼져 있어요.**

151. Let me ____ you lunch.

152. When is the ____ train?

153. What _____ you here?

154. I'm _____ to meet you.

155. His cell is ____.

"쓰지 말고, 입으로 말해보세요"

156. 내가 그렇게 될 줄 알았지.

157. 왜 계속 그 말을 하는 건데?

158. 대학에서 전공이 뭐였어?

159. 그녀의 나이는 30대야.

160. 진작 말해주지.

156. I was _____ of that.

157. Why do you ___ saying that?

158. What was your _____ in college?

159. She's in her _____.

160. You _____ have told me.

161. Do you have any advice?

162. That's comforting.

163. You're too young to smoke.

164. I'm leaving.

165. How long does it take?

day
17

161. 두유**해**/배니엇**바**이(스)

162. 대쓰/**컴**포링

163. 유아/**투우영**/투스**모**(크)

164. 아임**리이**빙

165. **하우롱**/다짓**테**이(크)

- 충고해줄 거 있어?

- 그거 위로가 되네.

- 넌 담배 피우기엔 너무 어려.

- 난 그냥 갈래.

- 시간이 얼마나 걸려?

166. I'm glad it's over.

167. Please be seated.

168. Don't be so hasty.

169. Take it with you.

170. I don't want you to be late.

166. 아임글래/리쓰오버

167. 플리이즈비/씨이리(드)

168. 돈비/쏘헤이스티

169. 테이킷/위듀

170. 아이돈원/추투빌레이(트)

- 다 끝나서 정말 좋아.

- 앉으세요.

- 그렇게 서두르지 말아요.

- 그건 네가 가져가.

- 네가 늦지 말았으면 좋겠어.

225

Do you have any advice?
Just be yourself.

You're not alone.
That's comforting.

Can I smoke?
You're too young to smoke.

Will you be staying a little longer?
I'm leaving.

How long does it take?
More than you may think.

충고해줄 거 있어요?
그냥 네가 평소에 하던 대로 해.

너만 그런 게 아니야.
위안이 좀 되네요.

저 담배 피워도 돼요?
넌 너무 어려서 안 돼.

좀 더 있다가 갈래?
난 그냥 지금 갈래.

시간이 얼마나 걸리는데?
네가 생각하는 것보다 더 오래 걸릴 거야.

"배운 문장을 응용해 대화문을 따라해 보세요"

I'm glad it's over.
You deserve taking a few days off.

Please be seated.
I'm not staying.

Don't be so hasty.
I can't help it.

Take it with you.
Are you serious?

I don't want you to be late.
Don't worry. I'm out of here.

다 끝나니 정말 좋네.
넌 며칠 휴가 갈 자격 있어.

앉으세요.
전 그냥 갈 거예요.

그렇게 서두르지 마.
어쩔 수가 없네.

그건 네가 가져가.
진심이야?

네가 늦지 말았으면 좋겠어.
걱정하지 마. 다녀올게.

"배운 문장을 응용해 대화문을 따라해 보세요"

161. 충고해줄 거 있어?

162. 그거 위로가 되네.

163. 넌 담배 피우기엔 너무 어려.

164. 난 그냥 갈래.

165. 시간이 얼마나 걸려?

161. **Do you have any _____?**

162. **That's _____.**

163. **You're ____ young to ____.**

164. **I'm _____.**

165. **How long does it ____?**

"쓰지 말고, 입으로 말해보세요"

166. 다 끝나서 정말 좋아.

167. 앉으세요.

168. 그렇게 서두르지 말아요.

169. 그거 네가 가져가.

170. 네가 늦지 말았으면 좋겠어.

166. I'm _____ it's ____.

167. Please be _____.

168. Don't be so _____.

169. _____ it with you.

170. I don't want you to be _____.

171. When did you last eat?

172. Let me handle it.

173. It's not that bad.

174. I heard your phone ring.

175. What's that for?

day
18

171. **웬**디쥴/**래**스**티이**(트)

172. **렛**미/**핸**들리(트)

173. 잇쓰/**낫댓배**(드)

174. 아이**허**/더**폰**링

175. **와**쓰댓**풔**

- 마지막으로 먹은 게 언제야?

- 그건 내가 처리할게.

- 그 정도로 나쁜 상태는 아니야.

- 네 전화 울리는 소리 들었는데.

- 그건 뭐 때문에?

235

176. I need to run to the bathroom.

177. I don't know for sure.

178. I drove straight home.

179. I don't wear ties.

180. I've already told you.

176. 아이**닛**투**런**/투더**배**쓰룸

177. 아이**돈노**우/퍼**셔**

178. 아이드**로우**(브)/스트**레**이**롬**

179. 아이**돈웨**어/**타**이(즈)

180. 아이(브)어**뤠**디**톨**쥬

- 나 화장실 급해.

- 확실히는 모르겠어.

- 난 집으로 곧장 차를 몰고 갔지.

- 나는 넥타이 안 매.

- 이미 얘기했잖아.

When did you last eat?
12 hours ago.

Let me handle it.
Sorry to bother you.

How is your business doing?
It's not that bad.

I heard your phone ring.
Did you?

I bought another cell phone.
What's that for?

마지막으로 먹은 게 언제야?
열두 시간 전.

그건 내가 처리할게.
성가시게 해서 미안.

하는 일은 좀 어때?
그렇게까지 나쁜 상태는 아니야.

네 전화 울리는 소리 들었어.
그래?

나 핸드폰 하나 더 샀어.
그건 어디에 쓰려고?

I need to run to the bathroom.
Let me get your bag.

Will you marry him?
I don't know for sure.

What did you do after work?
I drove straight home.

You're not wearing a tie.
I don't wear ties.

How many siblings do you have?
I've already told you.

나 화장실 급해.
가방 내가 들고 있을게.

그 남자와 결혼할 거야?
확실히 모르겠어.

퇴근 후에 뭐 했어?
차를 몰고 곧장 집으로 갔지.

넥타이를 안 맸네.
난 넥타이 안 매.

형제자매는 몇 명이나 돼?
이미 말씀드렸는데요.

171. 마지막으로 먹은 게 언제야?

172. 그건 내가 처리할게.

173. 그 정도로 나쁜 상태는 아니야.

174. 네 전화 울리는 소리 들었는데.

175. 그건 뭐 때문에?

171. When did you ____ eat?

172. Let me _____ it.

173. It's not ____ bad.

174. I heard your phone ____.

175. What's that ___?

176. 나 화장실 급해.

177. 확실히는 모르겠어.

178. 난 집으로 곧장 차를 몰고 갔지.

179. 나는 넥타이 안 매.

180. 이미 얘기했잖아.

176. I need to run to the _____.

177. I don't know for ____.

178. I ____ straight home.

179. I don't ____ ties.

180. I've already ____ you.

"쓰지 말고, 입으로 말해보세요"

181. I've never been there.

182. You're too old for that.

183. I've changed my mind.

184. Send me a text.

185. Did you hurt yourself?

day
19

181. 아이(브)**네**버비인/**데**어

182. 유아 **투우올**(드)퍼대(트)

183. 아이(브)**췌인**짓/마이**마인**(드)

184. **센**미/어**텍**스(트)

185. 디쥬**허**/추어**셀**(프)

- 난 거기 가본 적 없어.

- 넌 그러기에는 나이가 너무 많아.

- 나 생각을 바꿨어.

- 문자 해.

- 어디 다쳤어?

186. **Are you okay with this?**

187. **Things are different now.**

188. **Stay out of it.**

189. **I'll get you coffee.**

190. **You need a haircut.**

186. 아유 **오우**케이/위디(스)

187. **씽**즈아/**디**퍼런(트)**나**우

188. 스**테**이/**아우**러비(트)

189. 아일**게**/츄**커**피

190. 유**니**/러**헤**어커(트)

- 이렇게 해도 괜찮겠어?
- 지금은 상황이 달라졌어.
- 넌 이 일에서 빠져.
- 커피 줄게.
- 너 머리 잘라야겠다.

Have you been to London?
I've never been there.

How about this dress?
You're too old for that.

I've changed my mind.
Again?

Send me a text.
You don't read my texts.

Did you hurt yourself?
I think I rolled my ankle.

런던에 가봤어?

거긴 한 번도 가본 적 없어.

이 드레스 어때?

그건 어린 애들이 입는 거지.

나 생각을 바꿨어.
또?

문자 보내.
읽지도 않으면서.

어디 다쳤어?
발목을 삔 것 같아.

Are you okay with this?
Sure. No problem.

Why didn't you accept his offer?
Things are different now.

Stay out of it.
But you need my help.

I'll get you coffee.
I just want a glass of hot water.

You need a haircut.
I know.

이렇게 해도 괜찮겠어?
그럼. 문제없어.

왜 그의 제안을 받아들이지 않았어?
지금은 상황이 예전과 달라.

넌 이 일에서 빠져.
하지만 넌 내 도움이 필요해.

커피 줄게.
그냥 뜨거운 물 한 잔만 줘.

너 머리 잘라야겠다.
알아.

"배운 문장을 응용해 대화문을 따라해 보세요"

181. 난 거기 가본 적 없어.

182. 넌 그러기에는 나이가 너무 많아.

183. 나 생각을 바꿨어.

184. 문자 해.

185. 어디 다쳤어?

181. I've never ____ there.

182. You're too ____ for that.

183. I've changed my ____.

184. Send me a ____.

185. Did you ____ yourself?

186. **이렇게 해도 괜찮겠어?**

187. **지금은 상황이 달라졌어.**

188. **넌 이 일에서 빠져.**

189. **커피 줄게.**

190. **너 머리 잘라야겠다.**

186. Are you ___ with this?

187. Things are _____ now.

188. ___ out of it.

189. I'll ___ you coffee.

190. You need a _____.

"쓰지 말고, 입으로 말해보세요"

257

191. Why aren't you eating?

192. It's not why I called.

193. Stop talking nonsense.

194. Mind if I use your phone?

195. I'm out of money.

day

20

191. **와**이**안**츄/**이**링

192. 잇쓰**낫**/**와**이아이**콜**(드)

193. 스**탑**/**토**킹**난**센스

194. **마인**디파이**유**/쥬어**포운**

195. 아이/**마**우러(브)**머**니

- 너는 왜 안 먹어?

- 그것 때문에 전화 건 거 아니야.

- 말도 안 되는 소리 하지 마.

- 네 전화 좀 써도 돼?

- 나 돈이 다 떨어졌어.

259

196. I'll remember that next time.

197. Would you like to join me?

198. You look busy.

199. I can only stay a few minutes.

200. Need a hand?

196. 아일리**멤**버/댓**넥**스**타**임

197. 우쥴**라**익/투**조**인미

198. 율**룩/비**지

199. 아캔**온**리스**테**이/어**퓨미**니(츠)

200. **니**러**핸**(드)

- 다음에는 그거 꼭 기억할게.

- 같이 앉아서 얘기할까?

- 너 바빠 보이는데.

- 나 금방 가야 해.

- 도와줄까?

Why aren't you eating?
I'm not hungry.

I'm still working on it.
It's not why I called.

Stop talking nonsense.
You won't listen to me.

Mind if I use your phone?
Of course not.

I'm out of money.
Let me loan you some cash.

넌 왜 안 먹어?
난 배 안 고파.

아직 그 작업 진행 중이야.
그것 때문에 전화한 거 아니야.

말도 안 되는 소리 하지 마.
너 진짜 내 말 안 듣는구나.

네 전화 좀 써도 돼?
당연하지.

나 돈 다 떨어졌어.
내가 빌려줄게.

"배운 문장을 응용해 대화문을 따라해 보세요"

263

I'll remember that next time.
Not this time?

Would you like to join me?
I'm not disturbing you?

You look busy.
Yes, I am.

I have something to talk to you.
I can only stay a few minutes.

Need a hand?
No. I can manage it.

다음번에는 내가 그거 꼭 기억할게.

이번이 아니라?

같이 앉아서 얘기할까?

내가 방해하는 거 아니야?

너 바빠 보이네.

맞아. 바빠.

너하고 할 얘기가 있는데.

나 금방 가야 해.

도와줄까?

아니야. 힘들어도 내가 할 수 있어.

191. **너는 왜 안 먹어?**

192. **그것 때문에 전화한 거 아니야.**

193. **말도 안 되는 소리 하지 마.**

194. **네 전화 좀 써도 돼?**

195. **나 돈이 다 떨어졌어.**

191. Why aren't you _____?

192. It's not why I _____.

193. Stop talking _____.

194. _____ if I use your phone?

195. I'm _____ of money.

196. **다음에는 그거 꼭 기억할게.**

197. **같이 앉아서 얘기할까?**

198. **너 바빠 보이는데.**

199. **나 금방 가야 해.**

200. **도와줄까?**

196. I'll _____ that next time.

197. Would you like to ____ me?

198. You look ____.

199. I can only ____ a few minutes.

200. Need a ____?

'침대 정리' 하나가 우리의 인생을 바꿉니다.
좋은 습관 하나면 충분합니다!

열심히 사는 사람들을 위한
라이프 스타일 제안

「좋은습관연구소」

네이버/페이스북/유튜브 검색 창에 '좋은습관연구소'를 검색하세요.
문의 : lsh01065105107@gmail.com

좋은습관연구소는
이런 일을
합니다

우리 삶에 필요한 각종 지식/정보/스타일을 '좋은 습관'으로 정리하고
'좋은 습관'을 꾸준히 실천할 수 있는 프로그램을 운영합니다

◆ **습관에 관한 콘텐츠 퍼블리싱을 합니다.**
　- 종이책을 출간하고 (출판)
　- 미디어 퍼블리싱을 합니다.(포스트, 페이스북 ,유튜브, 오디오클립)

◆ **독자와 함께 '좋은 습관'을 실천합니다.**
　- 독서/학습 모임을 운영합니다. (카페/카톡방)
　- 20일간 완독하고, 책에서 제안하는 습관을 함께 실천합니다.
　- 같은 책을 구매한 분들과의 자연스러운 소통을 통해
　　끝까지 공부할 수 있도록 도와드립니다.

◆ **여러분의 콘텐츠를 퍼블리싱 해드립니다.**
　- 연구소에서는 자기 분야에 내공을 가진 분들의 글을 기다립니다.
　　'지금 내가 있기까지 나의 공부, 나의 습관'을 20가지로 정리해서
　　보내주세요. 채택된 원고는 블로그에 연재하고 책으로 출간됩니다.

✳ **여러분의 콘텐츠도 '좋은 습관'이 될 수 있습니다.**
　당신의 이야기, 당신의 비즈니스, 당신의 연구를 습관으로 정리해보세요!

영어는 입으로 : 영어회화 매일 10문장 스피킹 ❶

초판 1쇄 발행 2020년 1월 16일

지은이	오석태
펴낸이	김옥정
만든이	이승현
디자인	스튜디오진진
펴낸곳	좋은습관연구소
주소	경기도 고양시 후곡로 60, 303-1005
출판신고	2019년 8월 21일 제 2019-000141
이메일	lsh01065105107@gmail.com
ISBN	979-11-968611-0-0 (13740)

당신의 이야기, 당신의 비즈니스, 당신의 연구를 습관으로 정리해보세요.
좋은습관연구소에서는 '좋은 습관'을 가진 분들의 원고를 기다리고 있습니다.
메일로 문의해주세요.

네이버/페이스북/유튜브 검색창에 '좋은습관연구소'를 검색하세요.